Fra Far
Til Far

Af Ole Anand

AF209077

"Fra Far Til Far"

Udgivelsesår:

2017

Forfatter og ophavsretsindehaver:

Ole Anand

Forlag: BoD – Books on Demand, København, Danmark
Tryk: BoD – Books on Demand, Norderstedt, Tyskland"

ISBN:
9788771888331

FARORD

Nu har
jeg aldrig
selv været den
bedste til at
bede om hjælp,
men det er jeg kommet efter.

Hvorfor er der ingen, der har fortalt mig det?!

Det tog også lidt tid for mig at indrømme det her,
men vi havde faktisk en halvhård start med vores første
barn. Især var den hård for moderen.
Vi havde brug for hjælp, og det fik vi.
Derfor føler jeg også, at jeg skylder at give lidt tilbage
på en eller anden måde. Og bogen her er da en start.

Der er nok mange derude, der har haft børn længe, som
vil grine af mine frustrationer, men jeg er sikker, at på
der også er nogle, der vil sætte pris på det, jeg beskriver
i denne bog. Og jeg har netop skrevet den for at dele
mine frustrationer og for at bekræfte evt. ubekræftede
forældre, specielt fædre, i at de ikke er ene om dem.

– og det ér bare ikke for børn at blive forældre, lad os nu
være ærlige.

Kort tid efter vi fik vores søn i 2014, gik jeg i gang med at skrive en online blog for at få alle mine frustrationer ud. Den blev hurtigt så omfangsrig, at jeg allerede dengang tænkte, at det måtte ende med en fysisk bog. Og her er den så!

Formen

I en blog er sproget ofte lidt mere jordnært og flydende, og det har jeg med fuld overlæg valgt at bevare i bogen her. Derudover skal du huske på, når du læser, at hvert kapitel er skrevet i den periode, det referer til. Så tag den evt. frem periodevis.

Der findes masser af bøger, der gerne vil fortælle, hvordan man er en god forælder.
Det er ikke meningen med denne. Betragt den i stedet som en erfarings-overlevering - fra mig til dig.
Håber du kan lide den, og at du får noget ud af den.

Kære nybagte eller kommende far:
God fornøjelse med bogen og med babyen!

P.S.:
Til evt. kvinder, der har givet sig i kast med bogen, må jeg på forhånd advare jer om, at jeg har valgt at skrive "han", når jeg referer til en baby generelt.

Det er simpelthen for at undgå, at I skal læse "han/hun" hver gang.

Indhold

Kapitel 1

Den første måned

*"Du må først kaste med ham, når han
er to måneder gammel".*

Sådan lød det mere eller mindre
fra sundhedsplejersken under
hendes første besøg, små
to uger efter vores barns fødsel.
Små to uger efter, at jeg fik den
størst tænkelige respekt for min
kone. Og små to uger efter, at jeg havde
fået en klump i halsen, da det gik op for
mig, at mit højeste ønske var blevet
opfyldt:

Jeg var blevet far!

Nu er det ikke fordi jeg går og kaster med mit barn
(hele tiden).
Han ligger faktisk ved siden af mig og sover lige nu
– min søn – det skal jeg stadig lige vænne mig til at sige.

De sover ca. 15-18 timer i døgnet sådan nogle nyfødte, vidste du det? Det holder heller ikke helt, men det vender jeg tilbage til.

Der er mange nye ting, der skal læres, når man bliver forælder, og mange nye indtryk, der skal bearbejdes. Men det er der jo også for barnet. Det er i øvrigt gået hen og blevet min reminder til mig selv og sønnike:

"Vi er begge 'ny i arbejde',
du og jeg, knægt!"

Begyndelsen - på godt og ondt

Jeg har aldrig været i tvivl om, at jeg skulle have børn. Men jeg er først nu blevet klar over, hvor lidt man egentlig ved om det liv, man står overfor - og hvor lidt hjælp man i øvrigt får fra det offentlige. Der er masser af service, når det gælder fødselsforberedelsen, men jeg må sige; i forhold til at vi mennesker har fået børn i 500.000 år, så falder der ikke mange råd omkring det at blive forældre - slet ikke til fædre. Det er bare:

"Værsgo' - sæt i gang!"

Vi får heller ikke at vide af nogen, hvordan moderen kan blive fuldstændig overbeskyttende over for sit barn – den såkaldte 'bjørnemor'. Det kunne ellers have være rart. Jeg kan måske godt lige tilgive stenalderfolket, der faktisk ikke kunne skrive, men ellers ingen. Ak, det havde sikkert set anderledes ud, hvis H.C. Andersen havde haft børn.. Den eneste reference fra fordums tid, jeg har fået, fik jeg for nylig, da min nabo fortalte mig noget meget interessant: Nemlig at grunden til, at kvinder snakker så meget om alt muligt - i forhold til os - er at når vi var ude og jage, skulle vi være stille. Det skulle kvinderne ikke. Men de skulle passe på børnene, og de kunne jo ikke skrive. Så de var nødt til at sige tingene højt til hinanden, når der f.eks. var noget de måtte advare hinanden om, eller lignende.

Nå men tilbage til barnet. Og forstå mig nu ret i forhold til ovenstående:

Vi er simpelthen så ovenud lykkelige for lille Victor - det hedder han - og jeg er sikker på, at vi får SÅ meget fornøjelse af ham. Og så er det er da megaskægt at få sådan en miniudgave af sig selv.

Jeg har sågar lært at holde et barn nu.
Det er nok noget der sker, når man får sit eget.
Jeg plejede at hade, når nogen spurgte, om jeg ville holde deres barn. Hvorfor skulle jeg dog ville dét??

Jeg er også begyndt at synes, at tøjet til ham er sødt..
Endnu en ting jeg har rystet på hovedet af tidligere.
Og egentlig troede jeg også det var forbeholdt piger.
Hvad sker der?!

Pludselig snakker man desuden om lort og prut og bøvs, som aldrig før, med sin elskede kone – romantisk.

Det er også længe siden, jeg har haft den der aggressive følelse, du ved, man får, når man synes, noget er så nuttet, at man kunne kværke det.
Jeg tror ikke, jeg har haft den siden, vi havde hund derhjemme.
Nå, den følelse kender du ikke?
Arh, det tror jeg ikke på..!?!

Frustrationerne

Gråden er det værste.

Alt andet; *nul nattesøvn* - sågar *bleskifte*, som jeg havde frygtet - er ingenting ved siden af gråden.

Men hvorfor græder han?

Det er ikke altid til at gennemskue.

Er han sulten?

Gør det ondt på ham?

Har han det for varmt/for koldt?

Skal han skiftes?

Skal han bøvse?

Der findes ingen facitliste, desværre, og hvis man, som mig, ikke altid gider bruge tid på at finde svaret andre steder, ja så må man jo prøve sig frem.

Det, der frustrerede mig ved mest ved Victor i starten, var, at han nærmest var ked af det i al den tid, han var vågen. Derfor brugte jeg selvfølgelig det meste af tiden på at få ham til at sove igen. Det er bare ikke altid så let. Det kunne jeg skrive et helt afsnit for sig selv om.

Men det korte af det lange er, at en baby ikke nødvendigvis sover, bare fordi han er træt. Det kan godt være forvirrende for en voksen. Men her er opgaven at skabe trygge rammer for babyen, så han føler, at han roligt kan lukke øjnene og falde i søvn, uden at der sker noget ved det.

Det er vigtigt at huske, at et nyfødt barn ikke kán kommunikere på andre måder end med sin gråd
- derfor græder de så meget som de gør.
Det er sådan, de fortæller dig, hvad de har behov for, at du gør, som de ikke selv kan klare.
Tænk på, at ind til nu har han været forbundet til moderen med, noget der svarer til et HDMI-kabel (navlestrengen), mens han lå inde i hendes mave - bare med mad og drikke den ene vej og afføring den anden vej, i stedet for lyd og billede. Det vil med andre ord sige, at han har fået det hele serveret.

Han er jo faktisk ikke engang et rigtigt menneske endnu, men mere lige som et kæledyr. Og hvis det hjælper dig at tænke sådan, så skal du i hvert fald ikke høre noget for det fra min side.

Folk skal i det hele taget slappe af med deres tabuer omkring børn.
Du og moderen ska nok klare den, bare rolig!
Hos moderen bliver der jo i øvrigt vækket en eller anden form for ur-kvinde, der har alt, hvad der kræves af hende. Bare vent og se..

Det vigtigste er, at du er der for dit barn.
Han har i den grad brug for dig her i den første tid.
Du skal dog ikke regne med et *"Tak far"* i denne tid
- du må bare sætte din lid til at blive værdsat senere.

Den vigtige kontakt

Det kan virke banalt det her:
De fleste ved, at en nyfødt baby ikke kan tale, og netop derfor bliver der ikke gjort mere ud af at informere om, hvad der ligger i dét.
Det er bare ikke alle, der lige kobler det, at babyen ikke kan tale, sammen med, at de skriger, hver gang de egentlig burde sige noget.
Så meget desto mere er der brug for at få sat ord på dette over for nybagte forældre.

Kontakten mellem dig og dit barn er vigtigere, end du tror, har jeg fundet ud af. Især som far må du yde en ekstra indsats, da kontakten til moderen jo allerede blev etableret under graviditeten.

Det står også i den Libero-bog, som I højst sandsynlig har fået/får udleveret af jeres læge.

Jeg blev også overrasket over, hvor meget 'hud-mod-hud'-kontakt med barnet gør en forskel - altså for eksempel det at ligge med barnet på brystet uden trøje på - det virker!

Hvad virker ellers?

Hvidstøj:

En enslydende støj som den, der kommer fra en hårtørrer eller en støvsuger, virker - mod alle odds - beroligende på en baby. Den minder åbenbart babyen om tiden i mors mave, hvor stort set alle lyde udefra blev til denne 'behagelige' støj gennem fostervandet.

Personligt er jeg mere til Michael Jackson, men det er jo en smagssag - man kan håbe det kommer senere.

Søg efter "hvidstøj" på YouTube,

og du vil finde masser af videoer, du kan bruge.

Et svøb omkring babyen er en anden god ting. I hvert fald den første måneds tid. Igen fordi det minder om de forhold, babyen havde i sin mors mave. Han kommer til at ligne en durumrulle med enten kylling eller kebab – alt efter hudfarve – så der er også noget underholdningsværdi i denne manøvre.

Senere skal barnet selvfølgelig strækkes ud, men indtil da, er fosterstilling stadig den mest behagelige for ham.

Hvis jeg skal give et generelt start-råd til nybagte fædre eller bare frustrerede småbørnsforældre – og det kan godt være, at nogen synes, jeg er for tidligt ude med dét - så vil det være:

Hav tålmodighed!

Ingen panik!

Midt i frustrationerne kan man godt få nogle tanker og sige og få lyst til at gøre ting, man ikke burde, fordi man synes, at ungen bare er pisseirriterende.

Og igen er der mange ting, man ikke kender konsekvensen af.

Hvad sker der for eksempel, hvis jeg går fra ham?

Hvor skulle jeg vide det fra?!

Eksperterne og bøgerne siger én ting - virkeligheden er nogle gange en anden. Og i virkeligheden er der kun én måde at finde ud af tingene på.

Man kan også være ved at gå i panik, hvis hans fødder er kolde. Lad være med dét!

Giv ham sokker på - mest for at berolige dig selv.

Overgiv dig!
Man kan desværre komme til at lade sine frustrationer omkring barnet gå ud over moderen.
Hvad kan jeg sige? Prøv at lade være..!

Der var i øvrigt én, der sagde noget til mig, som provokerede mig en smule i starten:

> *"Ole, babyen*
> *vinder altid,*
> *for han skriger*
> *højest".*

Det gjorde faktisk, at jeg blev fristet til at 'danne fælles front mod fælles fjende' – altså sammen med moderen over for barnet - for derved bedre at kunne stå sammen, mor og far.

Begge dele bør bare undgås! Hverken mor eller barn er en fjende. Det ved du godt, det ved jeg. Men jeg ved også, hvad der kan ske, når man er presset, og når man bliver stædig.

Barnet ved ingenting, kan ingenting - ud over at sutte, skide og skrige - husk det!
Så hvis I skal stå sammen om noget, så er det om at få hjulpet det her barn i gang med livet, ind til han kan selv.

Og i det mindste ind til han selv kan fortælle jer med ord, hvad det er, han har brug for.

Bare rolig! Rutinen skal også nok komme. I bliver tudet ørerne fulde af, at I skal have fundet en dagsrytme. Den kommer helt af sig selv, fordi I bliver nødt til at få den, for jeres egen skyld som par.

Nogle gange er det så at det eneste, der virker på gråden, er at komme til mors bryst - og så skal han til mors bryst! Om det så kun er for trøst.

Du bliver pludselig tilskuer som far. Nyd fritiden! I stedet for at føle dig udenfor. Der er én ting som moderen kan, som du bare af naturlige årsager ikke kan. Sådan er det. Men díne succesoplevelser skal nok komme - tro mig! Efter en måned, føler jeg allerede jeg kan klare alt. (Næsten...)

Kapitel 2

1-3 mdr. gammel

Så er han sgu et helt kvartal gammel, ham den lille.
Det går stærkt.

Og man vænner sig overraskende hurtigt til at kalde sig
selv og hinanden for 'Far' og 'Mor'.

'Ammehjernen' har også lagt sig – i hvert fald hos
faderen hér. Jeg tror stadig moderen føler sig lidt som en
mælke-7-Eleven.

Ammehjerne = når hukommelse mv.
svigter pga. konstant afbrudt søvn,
fordi baby skal fodres.

Som i resten af bogen skal du forberede dig på tanker i
øst og vest fra min side, men jeg har i dette kapitel
forsøgt at kigge lidt mere på forskelle mellem mænd og
kvinder i forbindelse med det at blive forældre.

Først lidt nyheder *(siden forrige periode)*

Han smiler nu, for real, og ikke bare fordi han presser..!

Advarsel nr. 1:

Pas på med ikke at blive forelsket, for det er et meget fast og til tider flirtende blik, man får fra sådan en baby.

Han er også begyndt at observere mere. Han lægger mærke til os på en anden måde. Og man kan i det hele taget bare se, at han er mere tilpas.

Han laver tilmed små nye lyde, som om han prøver at snakke.

Advarsel nr. 2:

Det er her, du risikerer at begynde at tale babysprog.

For mit eget vedkommende angriber det mig ofte under bleskiftet.

På den anden side kan det også være en fin undskyldning for at snakke med sig selv.

Det første kram

Han tager fat i ting med begge hænder nu - sutteflaske m.m. - og bruger i det hele taget sine hænder meget. Det vil sige, at det heller ikke længere er ren refleks, hvis han tager fat om din finger.

Glæd dig, hvis du ikke allerede har oplevet dette.

Det er praktisk talt hans første bud på et kram, han giver dig dér.

Suttelysten

Lige apropos sutteflasken - og med fare for at lyde pervers - så sutter han jo nærmest på alt p.t.

Forleden suttede han for eksempel løs på min næse som en anden sugemalle.

Mere skal der ikke til

Han har fundet sig en gren fra en hængevinplante uden for vores vindue, som han nogle gange kan fordybe sig i. Den kan sågar få ham til at blive stille, midt under en grædetur. Så det udnytter farmand selvfølgelig ved at lægge ham hen til vinduet.

Og så gylpede han for første gang, her forleden. *(En af grundene til, at jeg har valgt at forskåne dig for alt for mange illustrationer i denne bog, kære læser)*

Vi snakkede om kurver forleden, moderen og jeg, fordi knægten ikke helt følger sundhedsplejerskens vokse-kurve. Han vokser sindssygt i længden, men vejer så ikke nok i forhold til sin længde. Derfor skal han også stadig have modermælkserstatning, men det er fint, for så er der lidt ekstra far-tid dér.

Bonusinfo
*Den største baby, der nogensinde er født,
var ca. samme størrelse som Victor er nu:
6 kg og 61 cm.
Slap af en fødsel det må ha været!!*

Nå, men vi blev vi enige om, at en anden kurve - læringskurven - må være ret stejl..

..for os altså.

Hold nu kæft man lærer meget som forældre!
Man lærer også hvilke 'kloge ord' fra de forskellige 'eksperter', der holder, og hvilke der er direkte bullshit (undskyld mit sprog).

For eksempel skulle en måned gammel baby efter sigende ikke være bevidst om sine arme og hænder - bullshit!
Det var mín baby i den grad. Jeg testede ham nemlig, allerede dengang, ved at holde hans hænder fast, hvorefter han kæmpede sig fri. Og det samme med benene - dem ved han også godt, at han har.

Forestil dig, at du lige har pakket dit barn ind i en dyne el.lign., sidder med ham i næsten lodret stilling, og så sparker han pludselig fra, så meget, at han nærmest skyder op af indpakningen som en raket, så du bliver helt bange for at tabe ham.
Jep, så stærke er de inden længe - husk det - og hold godt fast på ham!
Faktisk tænker jeg også, at de gerne vil, at vi holder fast på dem, til en vis grænse. De ved bare ikke, at det er det, de søger efter.
Jeg tænker også: Der er forskel på, om han ikke er klar over, at han har arme og ben, og så at være klar over, at han ikke kan bruge dem. For så kan han jo stadig godt være klar over, at han har dem. Var det til at forstå?

19

At de sover 15-18 timer er også noget pjat, har jeg
fundet ud af.

Min knægt sover max det halve.

Jeg nævnte i forrige kapitel, at jeg kunne skrive et afsnit
for sig selv, om det med søvn - så det har jeg gjort på
næste side.

Det med søvn

Der er fordele og ulemper ved, at et barn bliver mere vågent og mere bevidst.

Med hensyn til søvn er det ikke nødvendigvis en fordel..

Hvor vi voksne for det meste bare kan lægge os til at sove, når vi er trætte, skal en baby have hjælp til det. Og det kan give en nybagt far kuller.

Igen har moderen en bedre forståelse af barnets behov, og du må bare væbne dig med tålmodighed.

Det kan tage rigtig lang tid at få ham til at sove nogle gange, fordi der samtidig ikke skal ret meget til for at vække ham, selvom han ellers er faldet hen.

Vi skal nemlig længere ind - helt ind i den dybe søvn..!

Min anbefaling til begge forældre:

Undgå pludselige, høje lyde og bevægelser.

- *Til faderen*:
  Lad moderen tage barnet. Hun ved bedst!
- *Til moderen*:
  Vær blid, når du tager barnet fra faderen.
  Han vil så gerne bevise over for dig, at han godt kan..!

Mødet med verden er temmelig utryg for baby, det har vi nu lært.

Og til tider ser det ud til, at den er direkte farlig for ham. Pludselige bevægelser og pludselige lyde - bare et nys kan forskrække ham så meget, at han stikker i gråd. Men egentlig er det jo ikke anderledes end, hvis vi andre sagde

"Hold da op, der blev jeg bange"

- det kan han jo bare ikke, så han græder i stedet. Og det er typisk ret hurtigt ovre. Så længe han bliver trøstet med det samme. Enten ved at du tager hans hånd og taler beroligende til ham eller lægger ham på sin mave henover din arm og vugger ham fra side til side.

Du kan lige så godt lære det.

En eller anden dag bliver du alene med ham..

Gråden (igen)

Og nu nævner jeg så lige den fordømte gråd igen
- fordi den optager mig stadig meget.

Lige som man troede, at de store
grædeture var ovre, gik de nemlig
blot fra kvantitet til kvalitet.

Jeg fik anbefalet mobil-app'en
"Vidunderlige uger" af en god ven.
(NB! DENNE BOG ER IKKE EN REKLAME FOR DÉN!)
Her man kan følge de såkaldte 'tigerspring', som et barn
gennemgår i sin tidlige udvikling.
Og den indeholder faktisk noget af det, jeg
(og helt sikkert andre) har eftersøgt.
"Vidunderlige uger" fortæller blandt andet, at barnets
gråd eskalerer op til omkring 2 måneders-alderen,
hvorefter det skulle blive mindre igen.
Det passer ikke helt på Victor. Han har godt nok ikke
mange grædeture længere, men de er stadig kraftige.
Det mindre antal er selvfølgelig i takt med, at vi har lært
hans behov bedre at kende, og at han ved, han får den
hjælp, han har brug for, når han beder om den.
Det kan man faktisk med fordel godt være lidt på forkant
med - jeg siger det bare.

Pyllerværk

Efterhånden kan jeg også kende Victors gråd på lang afstand – crazy. Vi bor et sted med flere småbørn, men jeg kan tydeligt høre, om det er ham (og moren) eller nogen andre, der kommer gående nede i gården eller op ad trappeopgangen.

Og jeg kan forresten bidrage til "Vidunderlige uger" med, at efter 5 uger bliver baby lidt udspekuleret (efter min mening). Victor er blevet rigtig god til at bruge underlæben, mens han klynker, og den afslører ham samtidig. Det er nemlig ikke så slemt, når han gør det, men er mere pylren, end fordi han er ked af det.

Grådforskning

Australske Priscilla Dunstan har forsket i og lavet teorier om barnegråd, og hun deler gråden op i 5 kategorier:

- *Sult*
- *Træthed*
- *Ubehag*
- *Bøvse- og*
- *Prutte-behov.*

Når barnets gråd for eksempel lyder som "**La**" eller "**Na**", skulle det betyde *"Jeg er sulten"*. Det gør det ikke hver gang med vores lille Victor. Så skulle han i hvert fald være sulten hele tiden. Og det ved jeg trods alt nu, at han ikke er.

Der burde nok også være en lyd for 'kontaktsyge'.

Den synes jeg mangler lidt.

I det hele taget virker de enormt skizofrene, sådan nogle babyer, men det er en hel anden snak.

Det er til gengæld kun én gang om aftenen, Victor for alvor er utilfreds nu. Og jeg tror faktisk, vi har fået et nemt barn.

Det fornemmer jeg, når jeg kigger mig omkring hos andre nybagte forældre.

Så skal der måske på den anden side heller ikke så meget gråd til, før det bliver irriterende for den her far.

Der kan opstå situationer, hvor Victor, nærmest skriger endnu højere, når jeg tager ham op for at trøste ham, og hvor han er ved at gøre mig døv på det ene øre.

Det kan godt virke - hvad skal man sige – lidt utaknemligt, at han bare skriger videre, som om han ikke sætter pris på din indsats. Man kan også tænke:

"Bliver han aldrig træt af at græde?"

Svaret er NEJ - de bliver trætte, ja, men ikke så trætte at de stopper. Så det kan du lige så godt glemme. Der er som regel en grund til, at han græder, og den kan være svær at finde. Så, som jeg nævnte sidst, er der ikke andet for end at prøve at trøste ham, så godt som du kan.

Babyshake

Pas på med at komme til at ruske barnet. Jeg forstår, at man kan komme til det i desperation, men det kan faktisk give barnet hjerneskade, i værste fald. Jeg har slået det op, fordi jeg selv blev nervøs for, om min rysten af ham, når han for eksempel skulle bøvses eller vugges, var for heftig. Det vil jo så vise sig.. Men der er faktisk et navn for konsekvensen: *"Shaken-baby-syndrome"* - no bullshit!

Jeg kan så fortælle, og forhåbentlig berolige de, der skulle være gået hen og blevet bekymrede nu med, at bevægelsen skal være **frem og tilbage**, hvis der skal være tale om at 'ruske' – og altså ikke f.eks. op og ned.

Grådens magt

Han ér jo lidt ligesom den der nye ting, du lige har købt, som du bare er så øm over og ikke vil ødelægge. Derfor får han også automatisk meget magt, den lille møgunge.

Mange, især kvinder, har det svært ved at lade barnet græde, bare et lille øjeblik, og slipper alt hvad de har i hænderne for at komme hen og vugge og lukke munden på ham. Sådan har min kone det også.

Men er det nødvendigt? Jeg mener det ikke.

Man er jo ikke ond, bare fordi man lige venter 30 sekunder med at tage ham op – for at se om det stopper.

Det kan jo også bare være pylren.

Og uanset hvad, så er det dig der bestemmer, når det er dig, der har ham – husk det!

Og så er det jo så op til jer som par at koordinere.

Bare en tanke:

Det der med, om man er god ved sit barn, tror jeg optager mange forældre, uanset køn. Man vil jo gerne være den bedste far eller mor. Men jeg har tit tænkt på, at hvis Victor for eksempel spærrer øjnene op, når jeg trækker en trøje hen over hovedet på ham, så ser det faktisk ud som om, at han synes jeg er 'ond' ved ham.

Sagen er bare den, at hvis sådan et nyt menneske ikke ellers har oplevet nogen være ond ved ham - hvordan kan han så vide, om nogen er det?

Er det bare mig, der tænker for meget her?

Hovedstødet

Nå, for lige at vende tilbage til det med voldsomme hovedbevægelser, så kan han faktisk også selv pludselig begynde at lave nogle vilde hovedstød.

Og dér er du jo helt uskyldig!

Det er faktisk nærmest som om, at han enten gør klar til at nikke en skalle - eller leger spætte – det kan jeg ikke rigtig finde ud af.

Det bliver i hvert fald trukket helt tilbage, det lille hoved, og så fuld drøn fremad. Hvorefter han selvfølgelig tuder i vilden sky, fordi han har slået sig - sjovt nok.

Har du oplevet dét?

Den nødvendige 'fritid'

Kender du så det, at man kan få dømmende øjne fra andre, hvis man for eksempel giver udtryk for, at man ikke lige gider babyen et øjeblik. Jeg ved ikke med dig, kære medfar, men jeg vil f* have lov til at sige:

"Jeg gider ham ikke lige nu."

Man skal hjælpe hinanden som forældre, klart, men jeg vil have love til at sige, at jeg ikke lige gider ham, til tider. Det er min ret, og det har intet at gøre med, at jeg/vi selv har valgt at få ham.

Man kan også 'ikke gide' sit job eller sin hund for eksempel, bare en enkelt dag eller blot et enkelt øjeblik. Af samme årsag skal man give hinanden lidt 'fritid' fra barnet.

Og vi er heldigvis forskellige, mænd og kvinder, også når det kommer til det med børn. Så derfor er det sjældent på samme tid, vi har brug for den fritid.

Menneskets bedste ven

Hvis du skulle undre dig over sammenligningen med en hund, så gælder den altså stadig. Og den kan faktisk hjælpe dig ud af mange frustrationer omkring babyens opførsel. Men hvornår bliver han egentlig til et rigtigt menneske - jeg spørger bare?!

Den dyriske opførsel gør sig også gældende, når han skal ammes om natten. Han kigger ikke engang på brystet. Han føler sig nærmest bare frem som en muldvarp. Det er så ekstra sjovt, når det er far, der ligger med ham, for der er ikke meget bryst at hente dér, hehe.

Men hold kæft, hvor kan sådan en hund - jeg mener - *baby* i øvrigt kan smaske!

Der må gerne tumles med babyen!
Dem, der siger det modsatte, er enten kvinder eller for forsigtige.

Og husk at fortsætte med at træne hans hoved og ryg.
Udnyt hans nysgerrighed. Du vil jo gerne farmand.
Og du kan med fordel bruge fjernsynet - især hvis du er alene med ham. Det har i hvert fald virket her i huset.

Konen er godt nok ikke alt for vild med det. Men jeg er faktisk ret sikker på, at Victors behovspyramide ser sådan her ud, ind til videre:

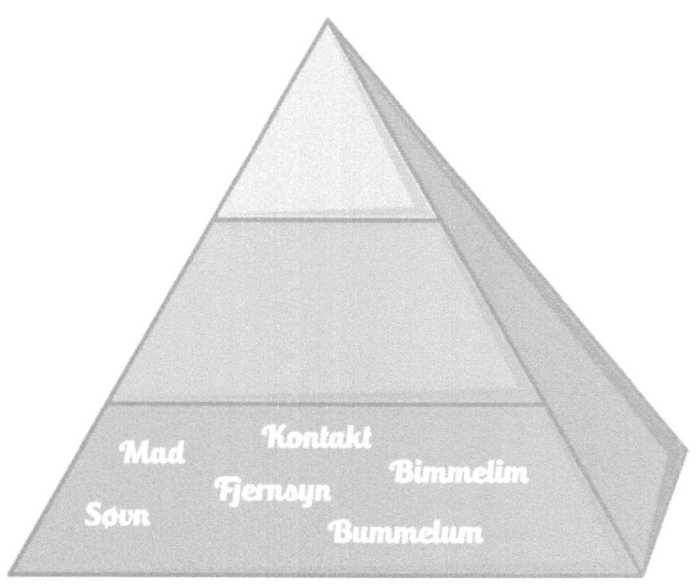

Noget andet, jeg vil foreslå, at du udnytter som far, er, at han faktisk - udover træningen også sætter pris på sådan noget som et bad. Vel at mærke bagefter selve badet. Og det, at du reder skel/arp ud af hans hår - tro mig; man kan se på ham, at han ved, du gør noget godt for ham. Det ville en hund jo også.

I forbindelse med badet fik jeg et råd om at putte salt i, for at blødgøre huden
- som om den ikke er blød nok i forvejen.
Jeg har ikke lige lagt mærke til nogen effekt af det endnu, men rådet er da hermed givet videre..!

Noget han ikke værdsætter endnu, eller i hvert fald ikke viser sin værdsættelse af, er kys. Det kommer åbenbart først senere. MEN, det skal ikke hindre jer i at gøre det. For som eksperterne siger:

"JO MERE KÆRLIGHED DU GIVER DIT BARN, DES KÆRLIGERE ET BARN FÅR DU"

Lige en tanke mere

Det er mærkeligt; det er som om, at babyer på den ene side er født med 100% selvtillid - her tænker jeg på deres krav og deres klagen, hvis de ikke får hvad de vil have. Og samtidig er deres tryghedsfornemmelse af verden lig nul fra begyndelsen.

Gad vide om det er sådan, det forholder sig? Vi får ikke mere og mere selvtillid. Vi er født med den. Og langsomt brydes vi ned (?) for så at bygge os selv op igen, i takt med at vi bliver mere og mere trygge ved vores omgivelser..?

Jeg ved det ikke.. Et lille 'vidunderligt sidespring' dér.

Så for at opsummere.

Nej, bare rolig, det skal jeg nok lade være med.

Men det kunne være sjovt, inden jeg runder dette kapitel af, lige at se på hvor mange dyr, jeg egentlig har nået at sammenligne min søn med. Lad os se:

Der var hunden selvfølgelig.

Og så var der sugemallen, der suttede på nærmest alt.

Der var spætten med hovedstødet.

Den blinde (ammende) muldvarp.

Har vi haft en skildpadde? Han ér jo lidt af en skildpadde, når han ligger på maven.

Nå, men det var da også en imponerende dyrerække allerede, hva'!?

Ud over det med kys, og de øvrige nævnte ting, så kan vi
heller ikke rigtig få ham til at sove i barnevognen for sig
selv endnu.

Altså uden at vi kører med ham.
Men nu må vi se..

Og så skal det selvfølgelig blive
spændende at se, hvilke tigerspring,
knægten har at byde på i næste kapitel.

Jeg kan afsløre så meget at mín dreng, i skrivende stund
(eller 'læsende' for dig), er på vej ind i sit næste spring.
Prøv selv at følge med - det er meget sjovt..

En sidste ting
Jeg synes jo også, at der burde være en slags
udstyrs-liste over, hvad man bør anskaffe sig,
når man skal være forældre - lige som en pakkeliste,
når man skal på ferie.

Så den har jeg forsøgt at starte op på bagerst i bogen.
Og den er ovenikøbet lavet sådan, at du selv kan fylde
på, efterhånden som du gør dig dine egne erfaringer…

Kapitel 3

Således skriver 'app-ostlen' "Vidunderlige Uger" om det
29-30 uger gamle barn (sammenfattet):

> *"Victor har opdaget at hans mor kan*
> *gå sin vej og efterlade ham...det er*
> *faktisk udvikling: Han lærer om*
> *distance...Den omklamrende periode,*
> *som han er i nu, kan vare op til 2*
> *uger...Det næste skridt...kendt som*
> *'Kategoriernes verden' vil vise sig om*
> *ca. 31 dage"*

Ja, det er fint..

App'en sagde også, at barnet efter 14-17 uger ville
begynde at udtale konsonanter.
Victor sagde allerede "La/Na" efter 14-17 timer.

Og den såkaldt 'omklamrende periode' har nok også
varet tættere på 2 måneder end 2 uger.

Men ret skal være ret; han ér faktisk meget kontaktsyg
lige for tiden, min nye 'arbejdsgiver' Victor.
Heldigvis mest over for sin mor.

Jeg vender tilbage til de 'vidunderlige tigerspring' om lidt..

Først:
Velkommen til dette tredje kapitel af far-bogen, hvor vi lige så godt kan få opdateret og overstået de to klassikere **gråd** og **søvn** med det samme.

For gråden er faktisk nærmest ikke-eksisterende, her efter godt 6 måneder - ja, du læste rigtigt!

Det er i hvert fald en mere 'berettiget' gråd nu. Forstået på den måde, at han græder på tidspunkter, hvor vi andre også ville græde.
Så nu forstår hans far sig også på den.

Første tænder

Senest har gråden for eksempel været der, fordi Victor er ved at få tænder, så vi har anskaffet ham en tandbørste, som han kan klø sine ømme gummer med.

Set på den lyse side, er han jo egentlig bare god til at udtrykke sig.

At tabe sutten

Han er også blevet rigtig god til at bruge sin sut. For ikke
at sige: *Rigtig dejlig afhængig af den!* Især om natten.
Og det er kun når han 'taber sutten',
(nu forstår jeg dét udtryk) at han brokker sig.

Det med at tabe sutten er han til gengæld lidt for god til.
Og det er mig en gåde, at han kan tage sutten ud af
munden for at ligge og lege med den, men ikke selv
putte den ind i munden igen, af en eller anden grund.

Siden sidst

Der er sket meget siden forrige kapitel/periode, og
Victor er blevet en utrolig glad dreng. Ikke at jeg et
sekund har været i tvivl om, at han ville blive det, med
den mor han har. Men for os, der ikke har en livmoder,
er det nu en fryd at slippe for den værste brok
- som vi alligevel ikke forstår os på - og så bare få det der
længe ventede rigtige smil.

Men for at det hele ikke skal blive alt for lyserødt,
så lad os lige for en kort bemærkning vende de hersens
tigerspring, hvor han jo typisk er meget utilfreds.

Det er lige før man kan sammenligne barnets spring med
kvinders månedlige 'sager', bortset fra, at babyens
utilfredshed er nemmere at forstå.

Alt er første gang

– på flere måder.

Nogle ting oplever han 'på ny' igen og igen.

Og der sker bare utrolig meget inde i ham, på kort tid.

For eksempel er han netop gået fra 'sennep' til 'guacamole' i sin ble (hvis du forstår..?).

Kommunikationen

Samtidig har Victor også udviklet sit 'ordforråd' således, at hans lyde nu mere minder om fuglekvidder.

Hvor meget jeg end foretrækker fuglekvidder frem for barnegråd, så er disse spring-perioder, alt andet lige, temmelig udfordrende for ens tålmodighed. Især som mand (tror jeg).

Og jeg kan stadig ikke forstå hvorfor Gud (eller hvem nu) har bestemt, at netop brok skulle være vores primære kommunikationsform!?!

Så tror da f*, at negative nyheder sælger så godt..

Nå, det blev vist til et unødvendigt surt opstød det dér.

Han ér meget gladere nu, knægten. Han griner sågar. Laver små melodiske lyde - og alt det tror jeg faktisk, er ret vigtigt at fokusere på.

Den ubetingede kærlighed fra ham lader dog stadig vente på sig de første 6 måneder..

Så tag hvad du kan få/skabe det første halve år!

Du kan f.eks. gøre som jeg og lade som om, han krammer dig, hvor han i virkeligheden bare prøver at nå sine egne hænder omkring nakken på dig.
(Jeg siger det ikke til nogen!)

Faktisk er jeg normalt ikke så meget til kys og kram og den slags.
Kram er okay. Kys – nah.. (bare spørg fruen!)
Men med sådan en baby, der er det godt nok svært at lade være..!
Det er de bløde kinder dér. Jeg tror jeg har et eller andet med dém.

Du kan også prøve at snakke til ham på 'hans sprog', lige som min kone gør. Det har jeg, til min store ærgrelse, desværre ingen videooptagelser af.
Jeg har tit undret mig over, hvorfor vi efterligner babyens lyde. Nogle siger, at man viser ham forståelse ved at gøre det.
Men burde vi ikke udvikle hans sprog ved at tale korrekt til ham?
Ellers svarer det jo lidt til, når man forringer sit engelsk ved at tage til Thailand.

Same Same, but different!

Nå herregud, hvis man samtidig kan få lov til at spadse lidt ud, så for alt i verden; *"Gu Gu Ga Ga"* derudaf..!

Mens gråden fylder mindre, fylder søvnen pludselig mere, i takt med at Victor er blevet mere følsom - og kan høre mere.

Nederlag

Han brokker sig mildest talt HVER GANG, han skal lægges til at sove. Hvorfor kan han ikke være mere ligesom sin far mht. det med at sove? Det er det bedste jeg ved!

Faktisk har jeg fundet ud af, at børn forbinder det at sove med at være væk fra mor og far. Så giver det også lidt mere mening. Jeg mener, det er jo bare ikke rart at være væk fra mor og far.

Jeg bliver dog lidt stædig, når jeg skal lægge ham til at sove. Det ér lidt af en tidsrøver, men hvis jeg ikke kan få ham til at sove – og må overlade ham til moren - ja så føler jeg faktisk, at det er lidt af et nederlag.

Kender du dét?

Jeg kan nok ikke helt lade være med at lade der gå lidt konkurrence i hele forælderrollen.

Tiger på spring, far i skjul

Empatien sættes også på prøve, synes jeg. Og igen kan man som far stå og føle sig som det værste menneske, der aldrig skulle have haft børn. Man begynder at forstå sine egne forældre, og nok især sin fars kvaler, når han har været irriteret på en, før i tiden.
Her bliver du bare endnu engang nødt til at minde dig selv om, at moderen har været moder i 9 måneder, før du blev far, så hun har bare et tiger-forspring dér, hehe.

Vi skal nok i virkeligheden passe lidt på med at skyde alt på tigerspringene.
Det med at sove behøver jo for eksempel ikke at have noget med dem at gøre. Og i øvrigt fortsætter barnet højst sandsynligt med at 'springe' efter de 1½ år, hvor de 'Vidunderlige uger' stopper.
Springer vi ikke også alle lidt en gang imellem?

Victor er så småt begyndt at lave indledende kravlebevægelser.
Selvfølgelig fordi hans far træner ham hårdt.

> *"1 dråbe blod under træning*
> *sparer 1 dråbe sved i kamp"*

Er det ikke sådan man siger?
..Eller er det omvendt?

Ninjatræning

Han er også blevet noget mere opmærksom nu.

Og det er i og for sig udmærket. Men det kan til tider også smadre din egen korttidshukommelse, at sådan en unge kræver opmærksomhed i tide og utide.

Derudover så finder man ud af, hvor meget ens gulv kan knirke, når man kl. 01-02 stykker endelig har fået ham til at falde i søvn, og man som en tyv i natten skal liste sig ind på soveværelse - via en dør, der i øvrigt også godt kunne trænge til lidt olie.

Jep, det kræver også ninja-færdigheder at være far!

Men der er ikke et kursus, du kan tage.

Til gengæld er du godt rustet, når du er færdig med denne bog.

Så tillykke med uddannelsen snart!

Du får altså heller ikke et diplom – bare så du ved det.

Udstyret

Nå men, så var der lige apropos den udstyrs-liste, som du kan finde bagerst i bogen, et par erfaringer dértil..

Sidstnævnte emne på listen – **slyngevuggen** - har været en kæmpe redning - især for moderens nattesøvn (og dermed også for faderens).
Snart er udfordringen dog at få ham vænnet fra den igen, da han er ved at være for stor til den.

Bleer

Det koster ca. en pakke bleer (med 60 stk. i), hvis han får **diarré**, så ved du det!

Mælk

Varm mælken! Han gider ikke drikke den kold – det ér forsøgt!

Dragter

Og hold nu kæft hvor er der mange knapper i **sparkedragter**. I hvert fald dem med knapper i.
Få dig nogle med lynlås i!

Og et sidste råd, der ikke har noget med udstyr at gøre: **Mange vil blande sig**.
Forældre, svigerforældre, venner, som vil fortælle dig, at; *"nu er han træt"* og *"nu er han ked af det"* og stille spørgsmålstegn ved, hvordan du håndterer ham.
Men prøv at lade være med at tage dig af det.
De mener det faktisk godt.

Fast føde

Vi er begyndt at give Victor noget mere fast føde nu, i form af mos og grød. Det håber vi så hjælper på søvnrytmen også.

Ind til videre har det resulteret i hård mave, opkast af halvdelen, mens den anden halvdel af grøden sad i ansigtet..

Men det skal nok lykkes.

Eksperterne siger, at man først skal starte op på det nu efter 6 måneder. Så vi kører jo sådan set lige efter bogen, som man siger.

Ud over et svin kan jeg konstatere at det dyr, han minder mest om, her efter 6 måneder er

– guess what?

Stadig en hund!

Måske er det på tide at give ham et kødben?!

Intet kapitel uden refleksioner

Nå, men det var jo faktisk, hvad jeg havde på hjertet i dette kapitel, og vi ses jo i det fjerde og sidste..

Men inden da, skal vi lige vanen tro have et par tanker at arbejde videre med:

Opførsel

Jeg går selv meget op i, hvordan folk opfører sig, og har i den forbindelse tænkt på, hvor meget af ens opførsel, der må stamme fra ens opvækst.

Derfor kom jeg også frem til den konklusion, at man faktisk som nybagte forældre har alletiders chance for at skabe et rigtig godt menneske her..

Derfor siger jeg selvfølgelig også nogle ting til Victor, dagligt, som for eksempel:

> *"Hvis du mobber nogen, når du bliver*
> *ældre, så smadrer jeg dig!"*

for ligesom også at komme nogen lidt i forkøbet..
(Just kidding!)

Jeg er i øvrigt spændt på, hvilke fysiske træk Victor arver fra mig, fordi jeg ikke selv har kunnet se dette fra mine forældre til mig – da jeg er adopteret.

Men det er en helt anden historie, som jeg ikke vil trætte dig med, kære læser.

Kapitel 4

½-1 år gammel

1 år - og nu i vuggestue, den bette.
Som tiden flyver..

Det ser endda ud til, at knægten
springer videre (jf. tigerspring),
i hvert fald det næste halve år.
så det bliver jo faktisk ikke
det sidste kapitel, hvad det angår,
det hér.

Men lad os skrue tiden en lille smule tilbage..:

Efter 9 måneder blev Victor pludselig meget gladere og
mere tryg ved det hele.

Det kan dog stadig være en blandet fornøjelse med hans
voksende bevidsthed. Fordi på den ene side er du hans
trygge base - når moderen ikke lige er i nærheden
(den vender vi tilbage til).

Og på den anden side, kan han kigge på dig, som om han dømmer dig, hvis du for eksempel går lidt i selvsving med dit *"Gu Gu Da Da"* til ham.

Så kan han godt bare ligge og og ligne en, der vil sige:

"Okay far,
nu har jeg hørt det!"

Her bliver man i tvivl om, hvor bevidst han egentlig er. Selvom det hele selvfølgelig kun er tænkt ud fra et udtryk i hans ansigt.

Den irriterende tilknytning til moderen

Men det er nu ikke det, der har fyldt mest i de seneste måneder. Det er derimod hans tilknytning til moderen. En tilknytning som jeg, ifølge de fleste, blot skal acceptere som noget naturligt. Men det kan jeg ikke. Jeg bliver stadig jaloux på min stakkels hustru, som jo ikke har gjort noget galt.

Og så hjælper det ikke ligefrem, at folk siger ting som:

"Nå, han savner vist sin mor, hva'?"

(Klynke klynke, jeg ved det!)

Nye lyde

Han har også virkelig sat lyd på nu, Victor
- både på godt og ondt.

Nogle af de sjovere - hvis vi skal tage dem først - er dels
et løvebrøl, der blev føjet til listen af dyrelyde.

Herudover en mærkelig sag, som jeg først syntes, lød
som **Smeagol/Gollum** fra "Ringenes Herre", men som
senere passede bedre på **Gizmo** fra "Gremlins".*
Om morgenen bar det nemlig præg af sød *Mogwai*-sang,
og om natten mere en gremlin-agtig lydsekvens - hvilket
selvfølgelig får mig til at tænke en ekstra gang over at
fodre ham efter midnat..
(Gammel 80'er-reference, hvis du skulle undre dig –
'Googl' det!)

Et nyt dyr så også dagens lys, da Victor begyndte at stå
ved sofaen og klappe, og samtidig rigtig gerne vil have
fat i fjernbetjeningen til fjernsynet.
Jeg kom nemlig til at tænke på aben Marcel fra TV-serien
"Friends".*
(Gammel 90'er-reference, hvis du skulle undre dig igen.)

Men der ér stadig ét overdøvende dyr, som Victor og
nok de fleste babyer minder om.. Gæt engang.
Ja, det er hunden!
Han gøer sågar lidt en gang imellem.

Så derfor har jeg nu købt en hundeskål til ham,
efter han er begyndt selv at kunne spise.

Nej, det er gas!

Verdens bedste sovepille

Det er faktisk helt vildt, som han spiser efterhånden.
Han er nu gået helt over til fast føde.
Moderen er stoppet med at amme,
og modermælkserstatningen bruger vi kun som
sovepille. Og det er uomtvisteligt den bedste sovepille,
der findes! Det er sgu lige før, jeg selv ville bruge det.
Hvis jeg skal anbefale et alternativ, vil det i så fald være
øllebrød.

*(Og nej, igen får jeg ikke
reklamepenge fra nogen
– desværre..)*

Tvangsfodring

En overgang var vi alligevel
bekymrede for, om knægten
spiste nok, da han faktisk havde tabt sig. Men det viser
sig, at det godt kan forekomme, at han forbrænder mere
end forventet i perioder, hvor han vokser ekstra meget.
Og så er det jo også lidt sjovt, at efter jeg selv nærmest
fik tvunget maden i mig som barn, så sidder jeg
gudhjælpemig selv og gør det ved mit eget barn nu.

Storskrald

Jeg skal godt nok også love for, at afføringen har skiftet form. Ja, vi bliver nødt til lige at runde den afføring.

Du ka' ta' det, jeg ved det.

Vuggestuen får heldigvis det meste af hans 'storskrald' nu. Og jeg synes jo bare, det er dejligt, at man kan spise ham af med et stykke tomat - som i øvrigt er blevet hans total yndlingsmad - eller noget andet, der ikke skal varmes op og blandes osv.

Og det giver jo også mig en mulighed for at komme mere på banen, nu hvor han ikke skal ammes af moderen længere.

Så er der omvendt heller ingen undskyldning mere dér..

Lort på fingrene

Noget, jeg lige skal huske at sige til den kommende eller nybagte far derude er:

Vær opmærksom på, at barnet gerne vil have hånden ned i skridtet, mens du skifter ble. Spørg mig ikke hvorfor! Og selvom jeg er stor Michael Jackson fan, så er der grænser. Det her betyder nemlig, at du nogle gange bliver nødt til at vaske lort af fingrene på din baby. Og du skal oven i købet nå det, inden lortet ryger op i babyens ansigt

- nu er du advaret!

Sygt barn

Victor fik feber for første gang i denne periode. 39,3 er en alt for høj temperatur for et lille barn. Den skal helst ligge på omkring 36-37 grader. Det var ikke så sjovt.

Men så har vi da også oplevet dét.

Senere har han også haft noget der hedder "falsk strubehoste", som gjorde ham lidt hæs og dermed tavs også. Så pludselig stod man jo i dilemmaet:

"Skal jeg have ondt af ham,
eller bare nyde tavsheden?"

Er det forkert? Nå, man kan vel også begge dele.

Selv lægen sagde, at han nok ville komme til at lyde lidt som en søløve. Og så er vi tilbage ved dyrelydene.

Uanset alle de andre dyrelyde, så gik det pludselig op for mig, at der vil være én lyd, der vil blive dominerende. Medmindre vi skynder os at flytte væk:

SJÆLLANDSK !!

En rigtig seng

Han er ellers blevet nem at lægge til at sove nu.

Han er vokset ud af slyngevuggen, men til gengæld kan han endelig finde ud af at falde i søvn i noget, der ikke bevæger sig. I stedet for en rangle med musik i, har vi sat en iPod med højtaler ind, hvor han sover. Vi har købt en lille rejseseng, mest pga. pladsmangel. Og så står iPod'en ellers og spiller "Lullaby" på repeat..

Han sover nu fra ca. kl. 20:00 - taber sutten ca. kl. 22.00 og igen kl. 02.00 - skriger i vilden sky - og så sover han ellers til omkring ved 6-tiden.

Vi kan være heldige at få ham til at sove videre til kl. 08.00 med lidt hjælp fra modermælkserstatningen.

Det kunne da være rart, hvis han bare sov igennem i alle 10 timer, men det kommer nok.

Pilfinger

Efter ca. 7 mdr. var der lidt en gråzone - med Victor i hvert fald. Det kan jo være forskelligt fra barn til barn. Det var en tid, der både gik hurtig og langsom på samme tid.

Alt er nyt, alt skal prøves.
Så man kommer altså til at skælde lidt ud i denne periode. For han skal have fat i ALT!

Før blev man altså irriteret over, at han ignorerede, når man forsøgte at vise ham noget. Nu bliver man irriteret, fordi han viser for meget interesse i nogle ting.
Det er heller ikke nemt at være baby.
Men han skal virkelig have at vide mange gange, at han ikke må pille ved ledninger, for eksempel.
Og vi har fået travlt med at gemme alt muligt væk nu.

Men man bliver alligevel anderledes blød over for den her lille størrelse.
Mærkeligt hvordan man også har det med sit eget barn i forhold til andres børn.

"They grow on you"
(and you grow on them)

som man siger på godt dansk.

Så er der det der med, når han piver:

Fair nok, hvis han græder fordi han har slået sig,
men nogle gange, så står han bare og piver, og man kan
tydeligt høre på ham, at det ikke er noget alvorligt.

Konen siger, at han prøver at kommunikere med os, men
bliver ignoreret.
Og mor ved jo bedst.
Kvinder har også (ind til nu!) altid læst flere bøger om
forældreskab, end vi mænd - så fair nok.

Andre gange kan han blive bange - det er selvfølgelig
også synd - men nogle af de mere spøjse ting, han er
bange for, er en støvsuger.
Den virkede jo ellers søvndyssende bare som lyd fra
YouTube, men ikke 'in real life', åbenbart.

Og så er han heller ikke så glad for lyden af en jernkæde
– den skal måske lige forklares:
Slyngevuggen hang i en jernkæde fra loftet i vores
lejlighed.
Jeg ved ikke, om han har traume over disse ting. I så fald
hvorfra? Alt er jo nyt. Så igen; hvordan kan han egentlig
frygte noget, når han ikke har oplevet ondskab endnu??

Første skridt!!

Anyway, jeg vil på den anden side kalde det for et had/kærlighedsforhold, det han har til netop støvsugeren. For han har faktisk brugt den som støtte på vej til at kunne gå.

Ja ja, man kan godt være venner, når det drejer sig om at lære ting.

Og Victor kán faktisk godt gå nu!!

Mere præcist tog han sine første skridt, da han var **1 år og 22 dage**. Så altså lidt efter denne bogs 'sidste anvendelsesdato'. Det skylder jeg næsten at fortælle, når nu hele denne bog først er færdiggjort lang tid efter.

Afslutningsvis

Jeg vil gerne slutte bogen ordentlig af, og det gør jeg på bedste drengerøvs-manér med en hurtig SWOT-analyse over det at have en baby:

(Og du fylder selvfølgelig bare selv på, hvis du mener, der mangler noget..)

STYRKER *(Strengths)*	SVAGHEDER *(Weaknesses)*
Oplevelsen ved at se barnet udvikle sig Kærlighed (på sigt)	Gråd, Barnet er styrende (fylder meget), Gråd, Træthed, Lort, Gråd ...
MULIGHEDER *(Opportunities)*	**TRUSLER** *(Threats)*
Udvikling af dig selv/lær dig selv at kende – du presses til at finde løsninger. At skabe et godt menneske. Mulighed for at snakke med dig selv. Altid et godt samtaleemne med andre fædre/forældre. Videreførelse af slægten!	Ikke så meget tid til venner. Skilsmisse

Tak for nu - og held og lykke med det første år, farmand!

Udstyrslisten:

Inkl. priser (det går kvinder ikke op i, men det gør vi jo).
Priserne er ny-priser – så har du en idé om dem -
*men tjek altid <u>dba.dk</u> eller app'en "**ReShopper**".*

1. *Vådservietter*
2. *Sutter*
3. *Combi-Barnevogn/Klapvogn*
   (en af de dyreste ting, du kommer ud for)
   – pris: 8.500 kr.
4. *Puslebord – pris (på vores): 1.800 kr.*
5. *Ammepude (kan også bruges af far)*
   – pris: 100 kr.
6. *Brystpumpe (kan lejes på apoteket)*
   – lejepris: 175 kr./uge
7. *Slyngevugge - pris: 1.300-16.00 kr.*
8. *Højstol – pris: 1.100 kr.*

_____

_____

_____

_____

_____